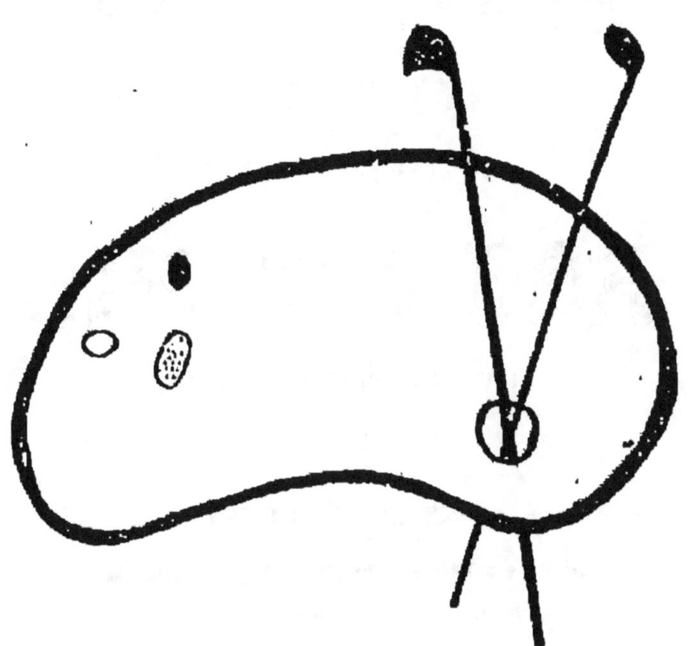

DEBUT D'UNE SERIE DE DOCUMENTS
EN COULEUR

MINIATURES ANCIENNES

ET

MODERNES PAR FEU M. J.-F.-G. FONTALARD

DESSINS

ÉTUDES PEINTES

ESTAMPES

LIVRES & OBJETS D'ATELIER

VENTE

Lundi 14 Décembre 1857. — Salle n° 3.
Mardi 15. — Salle n° 5 bis.

M< DELBERGUE-CORMONT, Commissaire-Priseur,
M. FRANÇOIS, Expert,
M. VIGNÈRES, Marchand d'Estampes.

EXPOSITION PUBLIQUE
13 Décembre 1857.

AVIS.

La belle Collection sur l'Histoire des règnes d'Henri IV et Louis XIII, Portraits et Pièces historiques, formée par feu M. le Baron d'Henneville; se vendra en février 1858. Le Catalogue sera prochainement sous presse.

RENOU ET MAULDE

Imp. de la Comp. des Commis. voyageurs-français.

Rue de Rivoli, n° 144.

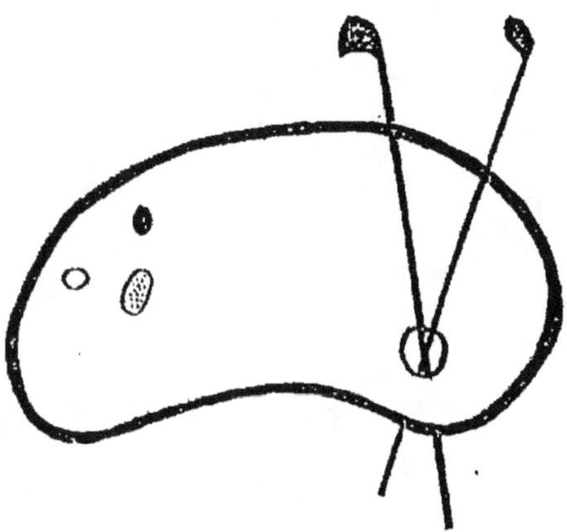

FIN D'UNE SERIE DE DOCUMENTS
EN COULEUR

CATALOGUE

DE

MINIATURES ANCIENNES

DESSINS

Études peintes par Divers

MINIATURES par M. J. F. G. FONTALARD, père

ESTAMPES

ANCIENNES ET MODERNES

LIVRES SUR LES ARTS & AUTRES, ETC.,

BISCUITS, TERRES CUITES, PLATRES,

ARTICLES D'ATELIER DE PEINTRE

dont la vente aura lieu

Par suite du décès de M. Jean-François-Gérard FONTALARD, père

HOTEL DES VENTES

RUE DROUOT N° 5

Le Lundi 14 Décembre 1857, Salle n° 3, au 1er

Le Mardi 15, Salle n° 6 bis, au 1er.

Par le ministère de M° **DELBERGUE-CORMONT**, C°-Priseur,
rue de Provence, 8,

Assisté pour les Miniatures, Dessins et Tableaux, etc.,
de M. **FRANÇOIS**, Expert, rue Taitbout, 00,

et pour les Estampes de M. **VIGNÈRES**, marchand d'Estampes,
rue de la Monnaie, 13, à l'entresol, entrée rue Baillet, 1,

Chez lesquels se distribue le présent Catalogue.

EXPOSITION GÉNÉRALE

Le Dimanche 13 Décembre 1857, Salle n° 3, au premier,
de une heure à 4 heures.

1857

ORDRE DES VACATIONS

Lundi 14 Décembre. — Salle nᵒ 3.

Curiosités, Meubles, Estampes et les Livres.

Mardi 15 Décembre. — Salle nᵒ 5 bis.

Les miniatures, Esquisses peintes, dessins, etc.
Palettes préparées pour la miniature et ustensiles
de Peintres.

On commencera à une heure précise.

Au comptant, 5 pour cent en plus des enchères,
applicables aux frais.

Nous présentons aujourd'hui la collection laissée par M. Jean-François-Gérard FONTALARD, peintre en miniature et à l'aquarelle, né à Mézières, élève de l'École de Génie, puis de l'Académie de Paris; et enfin de M. AUGUSTIN, peintre sur émail du cabinet du roi, médaille d'or de première classe.

Nous n'entreprendrons pas de faire l'éloge de son talent; sa renommée est assez établie depuis long-temps, son goût l'ayant toujours porté vers le gracieux; il a fait nombre de miniatures de portraits de femmes dont malheureusement beaucoup restent inachevés, et feront regretter que le temps lui ait été trop court pour les terminer.

Le peu de temps que nous avons eu pour faire ce catalogue ne nous a pas permis d'entrer dans plus de détails.

Lap. 80
Lap 15
Martin 10°

MINIATURES ANCIENNES.

La Confidence, genre Boucher; Jeu d'Enfants; Portrait de Jeune Fille, de Mme de Fossigny; Sainte Famille; trois portraits d'Hommes; Louis XV, Vénus et l'Amour, Mars et Vénus, duchesse de Bourgogne, Mme Saint-Val et autres.

MINIATURES MODERNES..

Quantité de portraits et sujets terminés et non terminés, par M. Fontalard.

DESSINS.

Par Drouais, Meynier, Boilly, Boucher, Drolling, Lawrence, Lépicié, Girodet, Sweback, etc.

ETUDES PEINTES.

Par Géricault, Fontalard fils, Lebas, Volmar, David, Girodet, Francisque Millet et autres.

OBJETS DIVERS.

Objets de curiosités, biscuits, terres cuites, bosses, plâtres, mannequin, chevalet, ustensiles de peintres, palettes préparées pour les miniatures, couleurs, boîtes et autres objets de peintre de miniatures, quelques meubles style de l'empire, etc.

Nil. 25

v.l . 10

v.l. 15

DÉSIGNATION

DES ESTAMPES

1 **Anonyme**. Portrait de Necker, gravé en couleur, Très-belle ép.

2 **Audouin**. Vénus blessée, d'ap. Raphaël.

3 **Baldrey**. Cecilia. — Evelina. Deux gracieuses fig. de femmes, d'ap. Hoppner.

4 **Bartolozzi**. Constancy. — Variety. 2 jolis costumes de femmes.

5 **Baudouin** (D'ap.). L'Agréable négligé, avant la lettre.

6 — L'Épouse indiscrète et autre. 2 p.

7 **Blooteling**. Jolies Têtes d'enfants, à l'eau-forte. 2 p.

8 — Buveurs, d'ap. Bega. 6 p. Sup. ép.

9 **Boilly** (D'ap. Louis). Prélude de Nina.

10 **Boilly** (D'ap. Jules). Le Dernier repas des Giron-
dins. Très-belle ép. Chine, avec dédicace à M. le
colonel Morin, signée par le possesseur du tableau.

11 **Bonnet.** Buste de jolie femme. Fac-simile de
pastel, d'ap. Boucher. C'est, dit-on, Mme de Pom-
padour. Encadré.

12 **Boucher** (D'ap.). Têtes de femmes, etc , par
Bonnet et Demarteau. 5 p.

13 — Vénus et les Amours. — Le Berger récompensé.
— Les Deux Confidentes, etc., etc. 8 p.

14 **Brett.** Lady Georgina Agar Ellis. Charmant petit
portrait en couleur.

15 **Burke,** d'ap. Sicardi. Oh ! che Boccone ! Sup.
ép. toute marge.

16 **Charlet.** L'Aumône. — J'obtiens de l'activité —
La petite Armée française, et autres, dont plusieurs
non terminées. Rare. 15 p. dont 2 p. par Bellangé
et Raffet.

17 **Collyer.** Le prince Georges de Wales. Beau portrait en couleur.

18 **Condé** (J.). Mrs. E. Bouverie. Gracieux portrait
en couleur, d'ap. Cosway.

19 **Coypel** (D'ap.). Jupiter et Junon. — Don Qui-
chote. 2 p.

20 **Daullé.** Chastenet de Puységur. Belle ép. marge.

21 **Debucourt.** La Visite à la pension. Pièce rare,
rognée.

22 — Louis XVIII, d'ap. Isabey. Sup. ép.

N°	Nom	Acheteur	Prix	
	Pupitre	M. Villot	16	
3	Bald[...] Cæcilia	Villot	2	
7	Bloteling Têtes Comparées	Villot	2	
9	Boilly prélude de [...]		1	
11	Bonnet Mad Bompard		5	
14	Brett Lady Georgina	Villot	3	
1..	Callyet George	Villot	3	
18	Condé Bouverie	Villot	2	
22	Debucourt Louis XVIII,	Jarriette	3	
24	[...]oyers roi de Rome	Jarriette	3	
25	Di[...]inson	Combouroux	4	
27	Earlon Richemont	Villot	9	
29	Fiesinger le portrait	Dubois	5	
31	Fragonard fontaine d'amour	Villot	13	
38	Freudeberg	Villot	14	
41	Géricault 8 pièces	Villot	9	
45	Girodet [...]		4	50
46	Chateaubriand		1	50
47	Godefroy portrait	Villot 2/	3	50
54	Huber Morisot	Giraud	4	..
57	Ingres Bartolini	Leclercleur	2	
61	Jazet les trois amis		1	
64	Langier chateaubriand		1	
65	Lebrun (Madd et sa fille 2 p.	Villot	16	
66	M. Lebrun Cte d. Parcy	Combouroux	14	
70	Maille napoleon	Jarriette	3	

73	[illegible]	Jarrett	5	
81	Prudhon jeune garçon	Dubois	20	
[illegible]	5 portraits [illegible]		1	50
	25 portraits		7	30
89	Prudhon le pot [illegible] renversé	[illegible]	16	
91	Reynolds 10 pièces	Villot	40	
95	L. Robert — Mad David	Dubois	9	
97	[illegible] Moreau j[eun]e	[illegible]	9	
106	Saphie Western	Combesrouse	6	
	9 pièces diverses	Villot	12	
	lot [illegible]		1	75
	Académies		9	
	Augustin [illegible]	[illegible]	1	5
	[illegible]	[illegible]	22	
	[illegible]		6	
			[illegible]	[illegible]
			[illegible]	[illegible]
			[illegible]	[illegible]

J 9.

Comb. 15.

Vil. 20.

V.S 15

... de Villan 16

23 **Defrey**. Dubois, avant l. l. — Jésus guérissant la mère de Pierre. 3 p. très-belles.

24 **Desnoyers**. Le roi de Rome. Superbe ép. avec le cachet N.

25 **Dickinson**, d'ap. Gros. Napoléon. — Et deux Portraits de dames en pied, d'ap. Gérard. 3 p.

26 **Drevet**. Bertin? — Mme Keller. — Delamet. 3 portraits.

27 **Earlom**, d'ap. Van Dyck. James, duc de Richemont, en pied. Sup. ép. grande marge.

28 **Ficquet**. Mme de Maintenon. Belle ép.

29 **Fiesinger**. Bonaparte. — Desaix. — Kléber. — Mirabeau. 4 portr. Sup. ép. d'ap. Guérin, toute marge.

30 **Fontalard** (Gérard). Environ 80 lithog., charges, caricatures, etc.

31 **Fragonard** (D'ap.). Fontaine d'amour, en couleur, par Audebert.

32 — Le Pot au lait. — Le Verre d'eau. 2 p.

33 — Les Pétards, avant l. l. — Le Verre d'eau, avant l'adresse de Ponce. 2 p.

34 — Les Pétards et les Jets d'eau. 2 p.

35 — Par eux l'Amour l'éclaire, et 2 p. des Contes de Lafontaine. 3 p.

36 — La Chemise enlevée, par Guersant. Très-belle ép. grande marge.

37 — La Gimblette, ép. du premier état, rognée.

38 **Freudenberg** (S.). La Toilette. Charmante petite pièce, dessinée et gravée à l'eau-forte par lui.

39 **Garnier**. Bellina. — La Prima dona. 2 belles ép.
manière noire.

40 **Géricault** (Par et d'ap.) Chevaux. 23 p. Sera
divisé.

41 **Girodet** (D'ap.). Le Départ, le Combat, le Triomphe et le Retour du Guerrier, d'ap. les tableaux de
Compiègne. 4 p. lithog. par Aub. Lecomte. Sup.
ép. Chine, imp. de Constant.

42 — Héro et Léandre. 2 p. avant l. l., ép. Chine,
imp. de Constant.

43 — Têtes d'études pour Ossian, Malvina, Souvenirs
des Alpes, etc. 22 p. La plupart Chine.

44 — Odalisque. — Galathée. — Bacchante. 3 gr. p.
Chine.

45 — Toilette de Vénus, par Aubry le Comte. Très-
belle ép. avant l. l., Chine, imp. de Constant.

46 — Portrait de Châteaubriant. Ép. Chine, imp. de
Constant.

47 **Godefroy**. Castiglione, M. et Mᵐᵉ Lebarbier,
de Valbonne, O'Connor. 5 portraits.

48 **Green**, d'ap. Kettle. Jeune Fille, en pied, avec
un pigeon sur la main. Très-belle ép. avant l. l.,
marge.

49 **Greuze** (D'ap.). La Vertu chancelante, par Mas-
sard, avant toutes lettres.

50 — L'Épagneul chéri. — Le Tendre Désir. — Le
Silence. 3 p.

Vol. 18   Bull. 680

Villers 6.

Vol. 25.

Vol. 5

51 **Guérin** (Pierre). Le Studieux. — Le Paresseux.
— Qui trop embrasse mal étreint. —L'Amour cra-
chant dans l'eau. 4 p. lith. avant l. l.

52 **Hersent**. Contes de Lafontaine. 12 p. lithog.

53 **Hesse** Léda, d'ap. Michel Ange. Lith., Chine.

54 **Hubert**. Honni soit qui mal y pense.

55 **Huet** (D'ap.). La Vénus bachique. — Les Désirs.
Jolies petites p. toute marge.

56 **Ingres**, 1825. Odalisque, lithog. par lui-même.
Sup. ép. toute marge.

57 — (D'ap.). H.-J. Ruixhtel, lith. par Fontalard. —
Bartholini, gravé par Potrelle. 2 portraits rares de
sculpteurs.

58 **Janinet**, d'ap. Caresme. Le Satyre amoureux,
gravé en couleur.

59 — Vénus et deux Amours, ovale en hauteur gravé
en couleur.

60 — La Comparaison, d'ap. Lawrence, gravé en
couleur.

61 **Jazet**, d'ap. H. Vernet. Les Trois Amis.

62 **Laneret**. Les Oies de frère Philippe, par Lar-
messin·

63 **Laugier**. Napoléon, en pied, d'ap. David.

64 — Châteaubriand, d'ap. Girodet. Sup. ép.

65 **Le Brun** (D'ap. Mme). Deux composition de Mère
et sa Fille, en pendant. Rares.

66 — Jeune Fille chantant s'accompagnant du piano. Charmante pièce très-petite, par le comte de Paroy. Rare.

67 **Le Moine** (D'ap.). Vénus déesse de l'amour entrant au bain, par Duverbret.

68 **Leroux**, d'ap. Raphael. Muse, avant l. l. avec dédicace signé du graveur. Très-belle ép. Chine.

69 **Longhi**, d'ap. Gros. Bonaparte à Arcole.

70 **Maille**. Profil et face de Napoléon, d'ap. Girodet Sup. ép. avant toutes lettres, toute marge.

71 **Muller**. Mme Le Brun. Très-belle ép. grande marge.

72 **Noel** (Léon), d'ap. Winterhalter. Eugénie, impératrice. Beau portrait ovale.

73 — Mme Sontag. Beau portrait ovale, d'ap. Winterhalter.

74 **Picart** (B.). La Fortune des actions de Law.

75 — Petits sujets gracieux. Environ 10 p.

76 **Portraits** de peintres coloriés. 93 p.

77 — d'actrices, peintres, personnages divers, gravés et lithog. environ 200 p. Sera divisé.

78 **Pradier**. Flore caressée par Zéphyre, d'ap. Gérard.

79 — Ducis, Murat, Suart, et autres divers. 5 portr.

80 **Prudhon**. La Famille malheureuse, lithog. par lui. Sup. ép. grande marge.

81 — Le jeune Garçon et le Chien, lithog. par lui. Sup. ép. grande marge.

[illegible] 12   [illegible] 16.17

[illegible]

[illegible] 8   [illegible]

[illegible]

Dubois

Cap. 35

tout   Vit. 40.
Vit. 15   Cont. 8.50

D.G. 15.   Vit 30

82 — Daphni et Cloé, Aminta, Abrocome, la Grotte, Phrosine, le Christ, la Justice et la Vengeance divine. 9 p., par Roger.　　12

83 — L'Amour à la raison. — Le Cruel rit des pleurs qu'il fait verser. 2 p., par Copia. Très-belles ép. avant l. l.　　6

84 — Le Zéphyr, par Laugier.

85 — Le Zéphyr, par Grevedon. Ép. Chine superbe.

86 — Têtes d'étude, le Génie et l'Étude, etc. 16 p.

87 — Les Vendanges, Marguerite, Une Pensée, l'Amour, la Justice, l'Égratignure, les Quatre Heures du jour, Vénus au bain. 14 p. lithog. par J. Boilly et Aubry Lecomte.　　20

88 — Triomphe de Trajan, lith. — Mange mon petit, les Jolis petits Chiens. 3 p.

89 — Le Pot au lait renversé. Sup. ép. avant la lettre gravé par Villerey, toute marge.

90 — L'Amour caresse avant de blesser, par Roger. Ép. avant l. l. Chine. Encadré.　　6

91 Reynolds (D'ap. J.). Richard Greenville. — Les Anges gardiens. — A Contemplative Young. — Mrs. Damer. — Venus chiding cupid, en couleur.

92 — Leicester Sanhope coul, et autres. 10 p. Pourra être divisé.

93 — Sainte Cécile, par Dickinson. Avant l. l. Encadrée.

94 Reynolds (W.). Béranger, avant et avec l. l. — Méditation. — Le Chapeau de paille. — Agar Ellis. 10 p. Pourra être divisé.　　31

95 **Robert** (Léopold), d'ap. David. Portrait de Mme David, avec le titre : L. M. Ad. de Penthièvre, duchesse douairière d'Orléans. Rare.

96 **Sailliar**, d'ap. Rubens. Helena Forman, seconde femme de Rubens, en pied. Ép. avant et avec l. l. Sera divisé.

97 **Saint-Aubin**. Moreau le Jeune, d'après Cochin. Petit portrait rare.

98 **Say**, d'ap. Fradelle. La Reine Élisabeth et lady Paget. Belle ép.

99 **Scheffer**. Morton. — Le vieux Pâtre. 2 p. lithog. par lui.

100 **Smith**, d'ap. Kneller. M. Sherard et autre, 2 portraits de dames.

101 **Turner**. Charles X, d'ap. Lawrence. Encadré.

102 **Vermeulen**, d'ap. Van Dyck. Marie-Louise de Tassis. Belle ép. grande marge.

102 **Vien** (D'ap.). Autel du jeune Bacchus. — Jeune Circassienne au bain, par Glairon Mondet. 2 p.

104 **Vignettes** anglaises et françaises, Têtes gracieuses de femmes, sujets de Westall, etc. Plusieurs lots.

105 **Young**. Lady Charlotte Greville, Sup. ép. d'ap. Hoppner.

106 Sous ce numéro se vendront des lithogr. diverses, pièces de l'artiste, estampes anciennes d'artistes, têtes gracieuses en noir et en couleur des Écoles anglaises et françaises, modes, costumes parisiens

Vd. 8 . h. 6   Dubois

Dué. 10 Vil. 5, Martin 5   Dumas de

Conb. 10 50 Villor.
Vil. 10 pieces 30.

234

depuis l'an vii, modes anglaises, etc., etc., que le temps n'a pas permis de cataloguer.

OUVRAGES A FIGURES.

107 Recueil de divers sujets dans le style grec, par Alex. Fragonard. Paris, 1815, in-fol. fig. au trait, carton.

108 Dissertation sur un Traité de Ch. Lebrun, concernant le rapport de la physionomie humaine avec celle des animaux. 37 p. et le portrait de Lebrun, par Edelinck, texte, in-fol., carton.

LIVRES.

Dictionnaire des Artistes, par l'abbé de Fontenay. 2 vol., veau marbre. — par Gabet, 1831, d.-rel., veau rouge.

Traités divers de la peinture, du pastel, etc., par Léonard de Vinci, Richardson, de Piles, etc., etc. Traité de perspective, Vies des Peintres, de Félibien, et autres livres sur les arts.

Imagini delli dei del Cartari. Padoue, 1626, nombreuses figures en bois.

Livrets du Musée depuis 1791, 1844, et arrivant à nos jours.

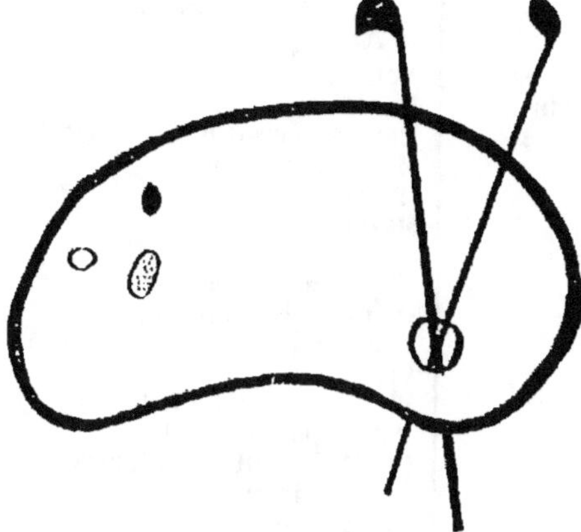

ORIGINAL EN COULEUR
NE Z 43-120-8

PORTRAITS DIVERS

GRAVÉS

Par Ambroise TARDIEU

OVALE IN-8°.

Papier format in-4°. — Chaque : 25 centimes.

Addison, poëte dram. angl.	Le Brun (prince), pair.
Aguesseau (H. F. d'), chancel.	Lefèvre, maréchal.
Aignan (Et.), poëte lyrique.	Lemontey, historien.
Alembert (d'), académicien.	Louis (baron), ministre.
Alfieri (V.), poëte dramat.	Massillon.
Amyot (J.), évêque.	Molière.
Andrieux, poëte dram., académ.	Montaigne.
Arioste (L.), poëte italien.	Montesquieu (Ch. Secondat de).
Azaïs (P. H.), philosophe.	Mortier, maréchal.
Balzac (J.-L. Guez de), acad.	Moustalon.
Becker, général.	Mozart.
Belliard, général.	Murat (Joachim).
Berchoux, littérateur.	Napoléon, empereur.
Berthollet, chimiste, Pair.	Ovide, poëte latin.
Bessières, maréchal.	Pelet de la Lozère.
Boileau-Despréaux.	Percy.
Chasseloup de Laubat, général.	Philippe II, roi d'Espagne.
Choiseul (duc de), pair.	Piron, poëte comique.
Colomb (Christophe).	Pradt (D. Dufour de), archev.
Corneille (P.), poëte dram.	Racine (Jean).
Cousin (Victor), acad.	Rampon, général.
Daunou, historien.	Regnard, poëte comique.
Dessolles, général.	Reille, général.
Diderot, littérateur.	Ricard, général.
Etienne, poëte dram.	Rollin, historien.
Fénelon, archevêque.	Rossini (Joachim).
Français de Nantes, comte.	Rousseau (J.-B.).
Gouvion Saint-Cyr, général.	Rousseau (J.-J.).
Grimm (F.-M.), critique.	Saint Augustin.
Horace.	Saint Bernard.
Jay (Antoine), historien.	Saurin (Jacques).
Jouy, poëte dram.	Scott (Walter).
Juvénalis, poëte satyrique.	Sébastiani, général.
Kellermann, général, pair.	Séguier, chancelier.
Kellermann fils, général, pair.	Ségur (comte de), pair.
Klein, général, pair.	Soules, général.
Labbey de Pompierre, député.	Suchet, maréchal.
La Bruyère (Jean de).	Tissot (P.-F.), poëte et prosateur.
Lafayette, général, député.	Tite Live, historien latin.
Le Fontaine (Jean de).	Virgile.
Laplace (marquis de), acad.	Voltaire.

Caylus (Marg. de Valois, comt. de).	Gay (Sophie).
Dacier (Anne Lefèvre).	Sévigné (marquise de).

Chaque : 50 centimes.

SE TROUVE CHEZ VIGNÈRES, 1, RUE BAILLET, A PARIS.

www.ingramcontent.com/pod-product-compliance
Lightning Source LLC
Chambersburg PA
CBHW051737050726
47598CB00003B/1232